FRANZ KAFKA

»WAHRHEIT IST UNTEILBAR«

Die Aphorismen

Mit einem Nachwort herausgegeben
von Marcel Krings

Reclam

RECLAMS UNIVERSAL-BIBLIOTHEK Nr. 14434
2024 Philipp Reclam jun. Verlag GmbH,
Siemensstraße 32, 71254 Ditzingen
info@reclam.de
Umschlaggestaltung: Philipp Reclam jun. Verlag GmbH
Druck und Bindung: Elanders Waiblingen GmbH,
Anton-Schmidt-Straße 15, 71332 Waiblingen
Printed in Germany 2025
RECLAM, UNIVERSAL-BIBLIOTHEK und
RECLAMS UNIVERSAL-BIBLIOTHEK sind eingetragene Marken
der Philipp Reclam jun. GmbH & Co. KG, Stuttgart
ISBN 978-3-15-014434-3
reclam.de

FRANZ KAFKA

DIE APHORISMEN

DIE ZÜRAUER APHORISMEN

1

Der wahre Weg geht über ein Seil, das nicht in der Höhe gespannt ist, sondern knapp über dem Boden. Es scheint mehr bestimmt stolpern zu machen, als begangen zu werden.

2

Alle menschlichen Fehler sind Ungeduld, ein vorzeitiges Abbrechen des Methodischen, ein scheinbares Einpfählen der scheinbaren Sache.

3

Es gibt zwei menschliche Hauptsünden, aus welchen sich alle andern ableiten: Ungeduld und Lässigkeit. Wegen der Ungeduld sind sie aus dem Paradiese vertrieben worden, wegen der Lässigkeit kehren sie nicht zurück. Vielleicht aber gibt es nur eine Hauptsünde: die Ungeduld. Wegen der Ungeduld sind sie vertrieben worden, wegen der Ungeduld kehren sie nicht zurück.

4

Viele Schatten der Abgeschiedenen beschäftigen sich nur damit die Fluten des Totenflusses zu belecken, weil er von uns herkommt und noch den salzigen Geschmack unserer Meere hat. Vor Ekel sträubt sich dann der Fluss, nimmt eine rückläufige Strömung und schwemmt die Toten ins Leben zurück. Sie aber sind glücklich, singen Danklieder und streicheln den Empörten.

5

Von einem gewissen Punkt an gibt es keine Rückkehr mehr. Dieser Punkt ist zu erreichen.

6

Der entscheidende Augenblick der menschlichen Entwicklung ist immerwährend. Darum sind die revolutionären geistigen Bewegungen, welche alles Frühere für nichtig erklären, im Recht, denn es ist noch nichts geschehn.

8

7

Eines der wirksamsten Verführungsmittel des Bösen ist die Aufforderung zum Kampf. Er ist wie der Kampf mit Frauen, der im Bett endet.

8|9

Eine stinkende Hündin, reichliche Kindergebärerin, stellenweise schon faulend, die aber in meiner Kindheit mir alles war, die in Treue unaufhörlich mir folgt, die ich zu schlagen mich nicht überwinden kann, vor der ich aber, selbst ihren Atem scheuend, schrittweise nach rückwärts weiche und die mich doch, wenn ich mich nicht anders entscheide, in den schon sichtbaren Mauerwinkel drängen wird, um dort auf mir und mit mir gänzlich zu verwesen, bis zum Ende – ehrt es mich? – das Eiter- und Wurm-Fleisch ihrer Zunge an meiner Hand.

10

A. ist sehr aufgeblasen, er glaubt im Guten weit vorgeschritten zu sein, da er, offenbar als ein immer verlockenderer Gegenstand immer mehr Versuchungen aus ihm bisher ganz unbekannten Richtungen sich ausgesetzt fühlt. Die richtige Erklärung ist aber die, dass ein großer Teufel in ihm Platz genommen hat und die Unzahl der Kleineren herbeikommt, um dem Großen zu dienen.

11 | 12

Verschiedenheit der Anschauungen, die man etwa von einem Apfel haben kann: die Anschauung des kleinen Jungen, der den Hals strecken muss, um noch knapp den Apfel auf der Tischplatte zu sehn und die Anschauung des Hausherrn, der den Apfel nimmt und frei dem Tischgenossen reicht.

13

Ein erstes Zeichen beginnender Erkenntnis ist der Wunsch zu sterben. Dieses Leben scheint unerträglich, ein anderes unerreichbar. Man schämt sich nicht mehr, sterben zu wollen; man bittet aus der alten Zelle, die man hasst, in eine neue gebracht zu werden, die man erst hassen lernen wird. Ein Rest von Glauben wirkt dabei mit, während des Transportes werde zufällig der Herr durch den Gang kommen, den Gefangenen ansehn und sagen: »Diesen sollt Ihr nicht wieder einsperren. Er kommt zu mir.«

14

Gingest du über eine Ebene, hättest den guten Willen zu gehn und machtest doch Rückschritte, dann wäre es eine verzweifelte Sache; da du aber einen steilen Abhang hinaufkletterst, so steil etwa, wie du selbst von unten gesehn bist, können die Rückschritte auch nur durch die Bodenbeschaffenheit verursacht sein und du musst nicht verzweifeln.

15

Wie ein Weg im Herbst: kaum ist er rein gekehrt, bedeckt er sich wieder mit den trockenen Blättern.

16

Ein Käfig ging einen Vogel suchen.

17

An diesem Ort war ich noch niemals: anders geht der Atem, blendender als die Sonne strahlt neben ihr ein Stern.

18

Wenn es möglich gewesen wäre, den Turm von Babel zu erbauen, ohne ihn zu erklettern, es wäre erlaubt worden.

19

Lass dich vom Bösen nicht glauben machen, du könntest vor ihm Geheimnisse haben.

20

Leoparden brechen in den Tempel ein und saufen die Opferkrüge leer; das wiederholt sich immer wieder; schließlich kann man es vorausberechnen und es wird ein Teil der Zeremonie.

21

So fest wie die Hand den Stein hält. Sie hält ihn aber fest nur um ihn desto weiter zu verwerfen. Aber auch in jene Weite führt der Weg.

22

Du bist die Aufgabe. Kein Schüler weit und breit.

23

Vom wahren Gegner fährt grenzenloser Mut in dich.

24

Das Glück begreifen, dass der Boden, auf dem du stehst, nicht größer sein kann, als die zwei Füße ihn bedecken.

25

Wie kann man sich über die Welt freuen, außer wenn man zu ihr flüchtet?

26

Verstecke sind unzählige, Rettung nur eine, aber Möglichkeiten der Rettung wieder so viele wie Verstecke.

Es gibt ein Ziel, aber keinen Weg; was wir Weg nennen, ist Zögern.

27

Das Negative zu tun, ist uns noch auferlegt, das Positive ist uns schon gegeben.

28

Wenn man einmal das Böse bei sich aufgenommen hat, verlangt es nicht mehr, dass man ihm glaube.

29

Die Hintergedanken, mit denen du das Böse in dir aufnimmst, sind nicht die deinen, sondern die des Bösen.

Das Tier entwindet dem Herrn die Peitsche und peitscht sich selbst um Herr zu werden und weiß nicht dass das nur eine Phantasie ist, erzeugt durch einen neuen Knoten im Peitschenriemen des Herrn.

30

Das Gute ist in gewissem Sinne trostlos.

31

Nach Selbstbeherrschung strebe ich nicht. Selbstbeherrschung heißt: an einer zufälligen Stelle der unendlichen Ausstrahlungen meiner geistigen Existenz wirken wollen. Muss ich aber solche Kreise um mich ziehn, dann tue ich es besser untätig im bloßen Anstaunen des ungeheuerlichen Komplexes und nehme nur die Stärkung, die e contrario dieser Anblick gibt, mit nach Hause.

32

Die Krähen behaupten, eine einzige Krähe könnte den Himmel zerstören. Das ist zweifellos, beweist aber nichts gegen den Himmel, denn Himmel bedeuten eben: Unmöglichkeit von Krähen.

33

Die Märtyrer unterschätzen den Leib nicht, sie lassen ihn auf dem Kreuz erhöhn, darin sind sie mit ihren Gegnern einig.

34

Sein Ermatten ist das des Gladiators nach dem Kampf, seine Arbeit war das Weißtünchen eines Winkels in einer Beamtenstube.

35

Es gibt kein Haben, nur ein Sein, nur ein nach letztem Atem, nach Ersticken verlangendes Sein.

36

Früher begriff ich nicht, warum ich auf meine Frage keine Antwort bekam, heute begreife ich nicht, wie ich glauben konnte fragen zu können. Aber ich glaubte ja gar nicht, ich fragte nur.

37

Seine Antwort auf die Behauptung, er besitze vielleicht, sei aber nicht, war nur Zittern und Herzklopfen.

38

Einer staunte darüber, wie leicht er den Weg der Ewigkeit ging; er raste ihn nämlich abwärts.

39

Dem Bösen kann man nicht in Raten zahlen – und versucht es unaufhörlich.

Es wäre denkbar dass Alexander der Große trotz der kriegerischen Erfolge seiner Jugend, trotz des ausgezeichneten Heeres, das er ausgebildet hatte, trotz der auf Veränderung der Welt gerichteten Kräfte die er in sich fühlte, am Hellespont stehn geblieben und ihn nie überschritten hätte und zwar nicht aus Furcht, nicht aus Unentschlossenheit, nicht aus Willensschwäche, sondern aus Erdenschwere.

39a

Der Weg ist unendlich, da ist nichts abzuziehn, nichts zuzugeben und doch hält doch jeder noch seine eigene kindliche Elle daran. »Gewiss auch diese Elle Wegs musst du noch gehn, es wird dir nicht vergessen werden.«

40

Nur unser Zeitbegriff lässt uns das Jüngste Gericht so nennen, eigentlich ist es ein Standrecht.

41

Das Missverhältnis der Welt scheint tröstlicherweise nur ein zahlenmäßiges zu sein.

42

Den ekel- und hasserfüllten Kopf auf die Brust senken.

43

Noch spielen die Jagdhunde im Hof, aber das Wild entgeht ihnen nicht, sosehr es jetzt schon durch die Wälder jagt.

44

Lächerlich hast du dich aufgeschirrt für diese Welt.

45

Je mehr Pferde du anspannst, desto rascher gehts – nämlich nicht das Ausreißen des Blocks aus dem Fundament, was unmöglich ist, aber das Zerreißen der Riemen und damit die leere fröhliche Fahrt.

46

Das Wort »sein« bedeutet im Deutschen beides: Da-Sein und Ihm-Gehören.

47

Es wurde ihnen die Wahl gestellt Könige oder der Könige Kuriere zu werden. Nach Art der Kinder wollten alle Kuriere sein. Deshalb gibt es lauter Kuriere, sie jagen durch die Welt und rufen, da es keine Könige gibt, einander selbst die sinnlos gewordenen Meldungen zu. Gerne würden sie ihrem elenden Leben ein Ende machen, aber sie wagen es nicht wegen des Diensteides.

48

An Fortschritt glauben heißt nicht glauben dass ein Fortschritt schon geschehen ist. Das wäre kein Glauben.

49

A. ist ein Virtuose und der Himmel ist sein Zeuge.

50

Der Mensch kann nicht leben ohne ein dauerndes Vertrauen zu etwas Unzerstörbarem in sich, wobei sowohl das Unzerstörbare als auch das Vertrauen ihm dauernd verborgen bleiben können. Eine der Ausdrucksmöglichkeiten dieses Verborgen-Bleibens ist der Glaube an einen persönlichen Gott.

51

Es bedurfte der Vermittlung der Schlange: das Böse kann den Menschen verführen, aber nicht Mensch werden.

52

Im Kampf zwischen dir und der Welt sekundiere der Welt.

53

Man darf niemanden betrügen, auch nicht die Welt um ihren Sieg.

54

Es gibt nichts anderes als eine geistige Welt; was wir sinnliche Welt nennen ist das Böse in der geistigen und was wir böse nennen ist nur eine Notwendigkeit eines Augenblicks unserer ewigen Entwicklung.

Mit stärkstem Licht kann man die Welt auflösen. Vor schwachen Augen wird sie fest, vor noch schwächeren bekommt sie Fäuste, vor noch schwächeren wird sie schamhaft und zerschmettert den, der sie anzuschauen wagt.

55

Alles ist Betrug: das Mindestmaß der Täuschungen suchen, im Üblichen bleiben, das Höchstmaß suchen. Im ersten Fall betrügt man das Gute, indem man sich dessen Erwerbung zu leicht machen will, das Böse, indem man ihm allzu ungünstige Kampfbedingungen setzt. Im zweiten Fall betrügt man das Gute, indem man also nicht einmal im Irdischen nach ihm strebt. Im dritten Fall betrügt man das Gute, indem man sich möglichst weit von ihm entfernt, das Böse, indem man hofft, durch seine Höchststeigerung es machtlos zu machen. Vorzuziehn wäre also hienach der zweite Fall, denn das Gute betrügt man immer, das Böse in diesem Fall, wenigstens dem Anschein nach, nicht.

56

Es gibt Fragen, über die wir nicht hinwegkommen könnten, wenn wir nicht von Natur aus von ihnen befreit wären.

57

Die Sprache kann für alles außerhalb der sinnlichen Welt nur andeutungsweise, aber niemals auch nur annähernd vergleichsweise gebraucht werden, da sie entsprechend der sinnlichen Welt nur vom Besitz und seinen Beziehungen handelt.

58

Man lügt möglichst wenig, nur wenn man möglichst wenig lügt, nicht wenn man möglichst wenig Gelegenheit dazu hat.

59

Eine durch Schritte nicht tief ausgehöhlte Treppenstufe ist, von sich selbst aus gesehn, nur etwas öde zusammengefügtes Hölzernes.

60

Wer der Welt entsagt, muss alle Menschen lieben, denn er entsagt auch ihrer Welt. Er beginnt daher das wahre menschliche Wesen zu ahnen, das nicht anders als geliebt werden kann, vorausgesetzt, dass man ihm ebenbürtig ist.

61

Wer innerhalb der Welt seinen Nächsten liebt tut nicht mehr und nicht weniger Unrecht als wer innerhalb der Welt sich selbst liebt. Es bliebe nur die Frage, ob das Erstere möglich ist.

62

Die Tatsache, dass es nichts anderes gibt als eine geistige Welt, nimmt uns die Hoffnung und gibt uns die Gewissheit.

63

Unsere Kunst ist ein von der Wahrheit Geblendet-Sein: Das Licht auf dem zurückweichenden Fratzengesicht ist wahr, sonst nichts.

64

Die Vertreibung aus dem Paradies ist in ihrem Hauptteil ewig: Es ist also zwar die Vertreibung aus dem Paradies endgiltig, das Leben in der Welt unausweichlich, die Ewigkeit des Vorgangs aber macht es trotzdem möglich, dass wir nicht nur dauernd im Paradiese bleiben könnten, sondern tatsächlich dort dauernd sind, gleichgültig ob wir es hier wissen oder nicht.

66

Er ist ein freier und gesicherter Bürger der Erde, denn er ist an eine Kette gelegt, die lang genug ist, um ihm alle irdischen Räume freizugeben und doch nur so lang, dass nichts ihn über die Grenzen der Erde reißen kann. Gleichzeitig aber ist er auch ein freier und gesicherter Bürger des Himmels, denn er ist auch an eine ähnlich berechnete Himmelskette gelegt. Will er nun auf die Erde drosselt ihn das Halsband des Himmels, will er in den Himmel jenes der Erde. Und trotzdem hat er alle Möglichkeiten und fühlt es, ja er weigert sich sogar das Ganze auf einen Fehler bei der ersten Fesselung zurückzuführen.

67

Er läuft den Tatsachen nach wie ein Anfänger im Schlittschuhlaufen, der überdies irgendwo übt, wo es verboten ist.

68

Was ist fröhlicher als der Glaube an einen Hausgott!

69

Theoretisch gibt es eine vollkommene Glücksmöglichkeit: An das Unzerstörbare in sich glauben und nicht zu ihm streben.

70 | 71

Das Unzerstörbare ist eines; jeder einzelne Mensch ist es und gleichzeitig ist es allen gemeinsam, daher die beispiellos untrennbare Verbindung der Menschen.

72

Es gibt im gleichen Menschen Erkenntnisse, die bei völliger Verschiedenheit doch das gleiche Objekt haben, so dass wieder nur auf verschiedene Subjekte im gleichen Menschen rückgeschlossen werden muss.

73

Er frisst den Abfall vom eigenen Tisch; dadurch wird er zwar ein Weilchen lang satter als alle, verlernt aber oben vom Tisch zu essen; dadurch hört dann aber auch der Abfall auf.

74

Wenn das, was im Paradies zerstört worden sein soll, zerstörbar war, dann war es nicht entscheidend; war es aber unzerstörbar, dann leben wir in einem falschen Glauben.

75

Prüfe dich an der Menschheit. Den Zweifelnden macht sie zweifeln, den Glaubenden glauben.

76

Dieses Gefühl: »hier ankere ich nicht« und gleich die wogende tragende Flut um sich fühlen.

Ein Umschwung. Lauernd, ängstlich, hoffend umschleicht die Antwort die Frage, sucht verzweifelt in ihrem unzugänglichen Gesicht, folgt ihr auf den sinnlosesten d. h. von der Antwort möglichst wegstrebenden Wegen.

77

Verkehr mit Menschen verführt zur Selbstbeobachtung.

78

Der Geist wird erst frei, wenn er aufhört, Halt zu sein.

79

Die sinnliche Liebe täuscht über die himmlische hinweg; allein könnte sie es nicht, aber da sie das Element der himmlischen Liebe unbewusst in sich hat, kann sie es.

80

Wahrheit ist unteilbar, kann sich also selbst nicht erkennen; wer sie erkennen will, muss Lüge sein.

81

Niemand kann verlangen, was ihm im letzten Grunde schadet. Hat es beim einzelnen Menschen doch diesen Anschein – und den hat es vielleicht immer – so erklärt sich dies dadurch, dass jemand im Menschen etwas verlangt, was diesem Jemand zwar nützt, aber einem zweiten Jemand, der halb zur Beurteilung des Falles herangezogen wird, schwer schadet. Hätte sich der Mensch gleich anfangs, nicht erst bei der Beurteilung auf Seite des zweiten Jemand gestellt, wäre der erste Jemand erloschen und mit ihm das Verlangen.

82

Warum klagen wir wegen des Sündenfalls? Nicht seinetwegen sind wir aus dem Paradiese vertrieben worden, sondern wegen des Baumes des Lebens, damit wir nicht von ihm essen.

83

Wir sind nicht nur deshalb sündig, weil wir vom Baum der Erkenntnis gegessen haben, sondern auch deshalb, weil wir vom Baum des Lebens noch nicht gegessen haben. Sündig ist der Stand, in dem wir uns befinden, unabhängig von Schuld.

84

Wir wurden geschaffen, um im Paradies zu leben, das Paradies war bestimmt uns zu dienen. Unsere Bestimmung ist geändert worden; dass dies auch mit der Bestimmung des Paradieses geschehen wäre, wird nicht gesagt.

85

Das Böse ist eine Ausstrahlung des menschlichen Bewusstseins in bestimmten Übergangsstellungen. Nicht eigentlich die sinnliche Welt ist Schein, sondern ihr Böses, das allerdings für unsere Augen die sinnliche Welt bildet.

86

Seit dem Sündenfall sind wir in der Fähigkeit zur Erkenntnis des Guten und Bösen im Wesentlichen gleich; trotzdem suchen wir gerade hier unsere besonderen Vorzüge. Aber erst jenseits dieser Erkenntnis beginnen die wahren Verschiedenheiten. Der gegenteilige Schein wird durch Folgendes hervorgerufen: Niemand kann sich mit der Erkenntnis allein begnügen, sondern muss sich bestreben, ihr gemäß zu handeln. Dazu aber ist ihm die Kraft nicht mitgegeben, er muss daher sich zerstören, selbst auf die Gefahr hin, sogar dadurch die notwendige Kraft nicht zu erhalten, aber es bleibt ihm nichts anderes übrig als dieser letzte Versuch. (Das ist auch der Sinn der Todesdrohung beim Verbot des Essens vom Baume der Erkenntnis; vielleicht ist das auch der ursprüngliche Sinn des natürlichen Todes.) Vor diesem Versuch nun fürchtet er sich; lieber will er die Erkenntnis des Guten und Bösen rückgängig machen; (die Bezeichnung: »Sündenfall« geht auf diese Angst zurück) aber das Geschehene kann nicht rückgängig gemacht, sondern nur getrübt werden. Zu diesem Zweck entstehen die Motivationen. Die ganze Welt ist ihrer voll, ja die ganze sichtbare Welt ist vielleicht nichts anderes, als eine Motivation des einen Augenblick lang ruhenwollenden Menschen. Ein Versuch, die Tatsache der Erkenntnis zu fälschen, die Erkenntnis erst zum Ziel zu machen.

87

Ein Glaube wie ein Fallbeil, so schwer, so leicht.

88

Der Tod ist vor uns, etwa wie im Schulzimmer an der Wand ein Bild der Alexanderschlacht. Es kommt darauf an, durch unsere Taten noch in diesem Leben das Bild zu verdunkeln oder gar auszulöschen.

90

Zwei Möglichkeiten: sich unendlich klein machen oder es sein. Das Erste ist Vollendung also Untätigkeit, das Zweite Beginn, also Tat.

91

Zur Vermeidung eines Wort-Irrtums: Was tätig zerstört werden soll, muss vorher ganz fest gehalten worden sein; was zerbröckelt, zerbröckelt, kann aber nicht zerstört werden.

92

Die erste Götzenanbetung war gewiss Angst vor den Dingen, aber damit zusammenhängend Angst vor der Notwendigkeit der Dinge und damit zusammenhängend Angst vor der Verantwortung für die Dinge. So ungeheuer erschien diese Verantwortung dass man sie nicht einmal einem einzigen Außermenschlichen aufzuerlegen wagte, denn auch durch Vermittlung bloß eines Wesens wäre die menschliche Verantwortung noch nicht genug erleichtert worden, der Verkehr mit nur einem Wesen wäre noch allzu sehr von Verantwortung befleckt gewesen, deshalb gab man jedem Ding die Verantwortung für sich selbst, mehr noch, man gab diesen Dingen auch noch eine verhältnismäßige Verantwortung für den Menschen.

93

Zum letzten Mal Psychologie!

94

Zwei Aufgaben des Lebensanfangs: deinen Kreis immer mehr einschränken und immer wieder nachprüfen, ob du dich nicht irgendwo außerhalb deines Kreises versteckt hältst.

95

Das Böse ist manchmal in der Hand wie ein Werkzeug, erkannt oder unerkannt, lässt es sich, wenn man den Willen hat, ohne Widerspruch zur Seite legen.

96

Die Freuden dieses Lebens sind nicht die *seinen*, sondern *unsere* Angst vor dem Aufsteigen in ein höheres Leben; die Qualen dieses Lebens sind nicht die seinen, sondern unsere Selbstqual wegen jener Angst.

97

Nur hier ist Leiden Leiden. Nicht so, als ob die, welche hier leiden, anderswo wegen dieses Leidens erhöht werden sollen, sondern so, dass das was in dieser Welt Leiden heißt, in einer andern Welt, unverändert und nur befreit von seinem Gegensatz, Seligkeit ist.

98

Die Vorstellung von der unendlichen Weite und Fülle des Kosmos ist das Ergebnis der zum Äußersten getriebenen Mischung von mühevoller Schöpfung und freier Selbstbesinnung.

99

Wie viel bedrückender als die unerbittlichste Überzeugung von unserem gegenwärtigen sündhaften Stand ist selbst die schwächste Überzeugung von der einstigen ewigen Rechtfertigung unserer Zeitlichkeit. Nur die Kraft im Ertragen dieser zweiten Überzeugung, welche in ihrer Reinheit die erste voll umfasst, ist das Maß des Glaubens.

Manche nehmen an, dass neben dem großen Urbetrug noch in jedem Fall eigens für sie ein kleiner besonderer Betrug veranstaltet wird, dass also wenn ein Liebesspiel auf der Bühne aufgeführt wird, die Schauspielerin außer dem verlogenen Lächeln für ihren Geliebten auch noch ein besonders hinterhältiges Lächeln für den ganz bestimmten Zuschauer auf der letzten Galerie hat. Das heißt zu weit gehn.

100

Es kann ein Wissen vom Teuflischen geben, aber keinen Glauben daran, denn mehr Teuflisches, als da ist, gibt es nicht.

101

Die Sünde kommt immer offen und ist mit den Sinnen gleich zu fassen. Sie geht auf ihren Wurzeln und muss nicht ausgerissen werden.

Am unteren Rand des zugehörigen Zettels findet sich außerdem die Eintragung: Lehnstuhl beim Fenster

102

Alle Leiden um uns müssen auch wir leiden. Wir alle haben nicht einen Leib aber ein Wachstum und das führt uns durch alle Schmerzen, ob in dieser oder jener Form. So wie das Kind durch alle Lebensstadien bis zum Greis und zum Tod sich entwickelt (und jedes Stadium im Grunde dem früheren, im Verlangen oder in Furcht, unerreichbar scheint) ebenso entwickeln wir uns (nicht weniger tief mit der Menschheit verbunden als mit uns selbst) durch alle Leiden dieser Welt. Für Gerechtigkeit ist in diesem Zusammenhang kein Platz, aber auch nicht für Furcht vor den Leiden oder für die Auslegung des Leidens als eines Verdienstes.

103

Du kannst dich zurückhalten von den Leiden der Welt, das ist dir freigestellt und entspricht deiner Natur, aber vielleicht ist gerade dieses Zurückhalten das einzige Leid, das du vermeiden könntest.

104

Der Mensch hat freien Willen und zwar dreierlei:

Erstens war er frei, als er dieses Leben wollte; jetzt kann er es allerdings nicht mehr rückgängig machen, denn er ist nicht mehr jener, der es damals wollte, es wäre denn insoweit, als er seinen damaligen Willen ausführt, indem er lebt.

Zweitens ist er frei, indem er die Gangart und den Weg dieses Lebens wählen kann.

Drittens ist er frei, indem er als derjenige, der er einmal wieder sein wird, den Willen hat, sich unter jeder Bedingung durch das Leben gehn und auf diese Weise zu sich kommen zu lassen und zwar auf einem zwar wählbaren, aber jedenfalls derartig labyrinthischen Weg, dass er kein Fleckchen dieses Lebens unberührt lässt.

Das ist das Dreierlei des freien Willens, es ist aber auch, da es gleichzeitig ist, ein Einerlei und ist im Grunde so sehr Einerlei, dass es keinen Platz hat für einen Willen, weder für einen freien noch unfreien.

105

Das Verführungsmittel dieser Welt sowie das Zeichen der Bürgschaft dafür, dass diese Welt nur ein Übergang ist, ist das Gleiche. Mit Recht, denn nur so kann uns diese Welt verführen und es entspricht der Wahrheit. Das Schlimme ist aber, dass wir nach geglückter Verführung die Bürgschaft vergessen und so eigentlich das Gute uns ins Böse, der Blick der Frau in ihr Bett gelockt hat.

106

Die Demut gibt jedem, auch dem einsam Verzweifelnden, das stärkste Verhältnis zum Mitmenschen und zwar sofort, allerdings nur bei völliger und dauernder Demut. Sie kann das deshalb, weil sie die wahre Gebetsprache ist, gleichzeitig Anbetung und festeste Verbindung. Das Verhältnis zum Mitmenschen ist das Verhältnis des Gebetes, das Verhältnis zu sich das Verhältnis des Strebens; aus dem Gebet wird die Kraft für das Streben geholt.

Kannst du denn etwas anderes kennen als Betrug? Wird einmal der Betrug vernichtet darfst du ja nicht hinsehn oder du wirst zur Salzsäule.

107

Alle sind zu A. sehr freundlich, so etwa wie man ein ausgezeichnetes Billard selbst vor guten Spielern sorgfältig zu bewahren sucht, so lange bis der große Spieler kommt, das Brett genau untersucht, keinen vorzeitigen Fehler duldet, dann aber, wenn er selbst zu spielen anfängt, sich auf die rücksichtsloseste Weise auswütet.

108

»Dann aber kehrte er zu seiner Arbeit zurück, so wie wenn nichts geschehen wäre.« Das ist eine Bemerkung, die uns aus einer unklaren Fülle alter Erzählungen geläufig ist, trotzdem sie vielleicht in keiner vorkommt.

109

»Dass es uns an Glauben fehle, kann man nicht sagen. Allein die einfache Tatsache unseres Lebens ist in ihrem Glaubenswert gar nicht auszuschöpfen.«

»Hier wäre ein Glaubenswert? Man kann doch nicht nicht-leben.«

»Eben in diesem ›kann doch nicht‹ steckt die wahnsinnige Kraft des Glaubens; in dieser Verneinung bekommt sie Gestalt.«

Es ist nicht notwendig, dass du aus dem Haus gehst. Bleib bei deinem Tisch und horche. Horche nicht einmal, warte nur. Warte nicht einmal, sei völlig still und allein. Anbieten wird sich dir die Welt zur Entlarvung, sie kann nicht anders, verzückt wird sie sich vor dir winden.

DIE ›ER‹-APHORISMEN

Alles, was er tut, kommt ihm außerordentlich neu vor. Hätte es nicht diese Frische des Lebens, so wäre es dem Selbstwert nach, das weiß er, unvermeidlich etwas aus dem alten Höllensumpf. Aber diese Frische täuscht ihn lässt es ihn vergessen oder leichtnehmen oder zwar durchschauen, aber schmerzlos. Es ist doch heute unzweifelhaft dieser, der heutige Tag, an dem der Fortschritt sich aufmacht, weiter fortzuschreiten.

6. 1. 1920

Aberglaube und Grundsatz und Ermöglichung des Lebens: Durch den Himmel der Laster, wird die Hölle der Tugend erworben. Aberglaube ist einfach

9. 1. 1920

Die traurigen Folgen des Nachmittags (Baumgarten)

10. 1. 1920

Ein segmentartiges Stück ist ihm aus dem Hinterkopf herausgeschnitten. Mit der Sonne schaut die ganze Welt hinein. Ihn macht es nervös, es lenkt ihn von der Arbeit ab, auch ärgert er sich, dass gerade er von dem Schauspiel ausgeschlossen sein soll

---

Es ist keine Widerlegung der Vorahnung einer endgültigen Befreiung, wenn am nächsten Tag die Gefangenschaft noch unverändert bleibt oder gar sich verschärft oder selbst wenn ausdrücklich erklärt wird, dass sie niemals aufhören soll. Alles das kann vielmehr notwendige Voraussetzung der endgiltigen Befreiung sein.

Er ist bei keinem Anlass genügend vorbereitet, kann sich deshalb aber nicht einmal Vorwürfe machen, denn wo wäre in diesem Leben, das so quälend in jedem Augenblick bereit sein verlangt, Zeit sich vorzubereiten und selbst wenn Zeit wäre, könnte man sich denn vorbereiten, ehe man die Aufgabe kennt d.h. kann man überhaupt eine natürlich, eine nicht nur künstlich zusammengestellte Aufgabe bestehn? Deshalb ist er auch schon längst unter den Rädern, merkwürdiger- aber auch tröstlicherweise war er darauf am wenigsten vorbereitet.

Er hat den Archimedischen Punkt gefunden, hat ihn aber gegen sich ausgenützt, offenbar hat er ihn nur unter dieser Bedingung finden dürfen

---

Alles was er tut, kommt ihm zwar außerordentlich neu vor, aber auch entsprechend dieser unmöglichen Fülle des Neuen außerordentlich dilettantisch, kaum einmal erträglich, unfähig historisch zu werden, die Kette der Geschlechter sprengend, die bisher immer wenigstens zu ahnende Musik der Welt zum ersten Mal bis in alle Tiefen hinunter abbrechend. Manchmal hat er in seinem Hochmut mehr Angst um die Welt als um sich. *13.1.1920*

Mit einem Gefängnis hätte er sich abgefunden. Als Gefangener enden – das wäre eines Lebens Ziel. Aber es war ein Gitterkäfig. Gleichgültig, herrisch, wie bei sich zu Hause strömte durch das Gitter aus und ein der Lärm der Welt, der Gefangene war eigentlich frei, er konnte an allem teilnehmen, nichts entging ihm draußen, selbst verlassen hätte er den Käfig können, die Gitterstangen standen ja meterweit auseinander, nicht einmal gefangen war er.

Er hat das Gefühl, dass er sich dadurch dass er lebt den Weg verstellt. Aus dieser Behinderung nimmt er dann wieder den Beweis dafür, dass er lebt.

Sich kennt er, den andern glaubt er, dieser Widerspruch zersägt ihm alles. *14.1.1920*

Er ist weder kühn, noch leichtsinnig. Aber auch ängstlich ist er nicht. Ein freies Leben würde ihn nicht ängstigen. Nun hat sich ein solches Leben für ihn nicht ergeben, aber auch das macht ihm keine Sorgen; wie er sich überhaupt um sich selbst keine Sorgen macht. Es gibt aber einen ihm gänzlich unbekannten Jemand, der sich um ihn nur um ihn große fortwährende Sorgen macht. Diese ihn betreffenden Sorgen des Jemand, besonders das Fortwährende dieser Sorgen verursachen ihm manchmal in stiller Stunde quälende Kopfschmerzen.

Er lebt in der Zerstreuung. Seine Elemente, eine freilebende Horde, umschweifen die Welt. Und nur weil auch sein Zimmer zur Welt gehört sieht er sie manchmal in der Ferne. Wie soll er für sie die Verantwortung tragen? Heißt das noch Verantwortung?

Alles; selbst das Gewöhnlichste, etwa das Bedientwerden in einem Restaurant muss er sich erst mit Hilfe der Polizei erzwingen. Das nimmt dem Leben alle Behaglichkeit.

Sein eigener Stirnknochen verlegt ihm den Weg (an seiner eigenen Stirn schlägt er sich die Stirn blutig)

17. 1. 1920

Er fühlt sich auf dieser Erde gefangen, ihm ist eng, die Trauer, die Schwäche, die Krankheiten, die Wahnvorstellungen der Gefangenen brechen bei ihm aus, kein Trost kann ihn trösten, weil es eben nur Trost ist, zarter kopfschmerzender Trost gegenüber der groben Tatsache des Gefangenseins. Fragt man ihn aber, was er eigentlich haben will, kann er nicht antworten denn er hat – das ist einer seiner stärksten Beweise – keine Vorstellung von Freiheit.

Manche leugnen den Jammer durch Hinweis auf die Sonne, er leugnet die Sonne durch Hinweis auf den Jammer.

Er hat zwei Gegner, der erste bedrängt ihn von rückwärts, vom Ursprung her, der zweite verwehrt ihm den Weg nach vorne. Er kämpft mit beiden. Eigentlich unterstützt ihn der erste im Kampf mit dem zweiten, denn er will ihn nach vorne drängen und ebenso unterstützt ihn der zweite im Kampf mit dem ersten, denn er treibt ihn doch zurück. So ist es aber nur theoretisch, denn es sind ja nicht nur die 2 Gegner da, sondern auch noch er selbst und wer kennt eigentlich seine Absichten?

Er hat viele Richter, sie sind wie ein Heer von Vögeln, das in einem Baum sitzt. Ihre Stimmen gehen durcheinander, die Rangs- und Zuständigkeitsfragen sind nicht zu entwirren, auch werden die Plätze fortwährend gewechselt. Einzelne erkennt man aber doch wieder heraus

---

Dreierlei:

Die selbstquälerische schwerfällige oft lange stockende aber im Grunde doch unaufhörliche Wellenbewegung alles Lebens, des fremden und eigenen, quält ihn, weil sie unaufhörlichen Zwang des Denkens mit sich bringt. Manchmal scheint ihm, dass diese Qual den Ereignissen vorhergeht. Als er hört, dass seinem Freund ein Kind geboren werden soll, erkennt er, dass er dafür schon früher als Denker gelitten hat.

Er sieht zweierlei: Das Erste ist die ruhige, mit Leben erfüllte, ohne ein gewisses Behagen unmögliche Betrachtung, Erwägung, Untersuchung, Ergießung. Deren Zahl und Möglichkeit ist endlos, selbst eine Mauerassel braucht eine verhältnismäßig große Ritze um unterzukommen, für jene Arbeiten aber ist überhaupt kein Platz nötig, selbst dort wo nicht die geringste Ritze ist können sie einander durchdringend noch zu Tausenden und Abertausenden leben. Das ist das Erste. Das Zweite aber ist der Augenblick, in dem man vorgerufen Rechenschaft geben soll, keinen Laut hervorbringt, zurückgeworfen wird in die Betrachtungen usw., jetzt aber mit der Aussichtslosigkeit vor sich unmöglich mehr darin plätschern kann, sich schwer macht und mit einem Fluch versinkt.

Er erinnert sich an ein Bild, das einen Sommersonntag auf der Themse darstellte. Der Fluss war in seiner ganzen Breite weithin angefüllt mit Booten, die auf das Öffnen einer Schleuse warteten. In allen Booten waren fröhliche junge Menschen in leichter heller Kleidung, sie lagen fast, frei hingegeben der warmen Luft und der Wasserkühle. Infolge alles dieses Gemeinsamen war ihre Geselligkeit nicht auf die einzelnen Boote eingeschränkt, von Boot zu Boot teilte sich Scherz und Lachen mit.

Er stellte sich nun vor, dass auf einer Wiese am Ufer – die Ufer waren auf dem Bild kaum angedeutet, alles war beherrscht von der Versammlung der Boote – er selbst stand. Er betrachtete das Fest, das ja kein Fest war, aber das man doch so nennen konnte. Er hatte natürlich große Lust sich daran zu beteiligen, er langte förmlich danach, aber er musste sich offen sagen, dass er davon ausgeschlossen war, es war für ihn unmöglich sich dort einzufügen, das hätte eine so große Vorbereitung verlangt, dass darüber nicht nur dieser Sonntag, sondern viele Jahre und er selbst dahingegangen wäre, und selbst wenn die Zeit hier hätte stillstehn wollen, es hätte sich doch kein anderes Ergebnis mehr erzielen lassen, seine ganze Abstammung, Erziehung, körperliche Ausbildung hätte anders geführt werden müssen.

So weit war er also von diesen Ausflüglern, aber

damit doch auch wieder sehr nahe und das war das schwerer Begreifliche. Sie waren doch auch Menschen wie er, nichts Menschliches konnte ihnen völlig fremd sein, würde man sie also durchforschen müsste man finden, dass das Gefühl, das ihn beherrschte und ihn von der Wasserfahrt ausschloss, auch in ihnen lebte, nur dass es allerdings weit davon entfernt war sie zu beherrschen, sondern nur irgendwo in dunklen Winkeln geisterte. *2.2.1920*

Es handelt sich um Folgendes: Ich saß einmal vor vielen Jahren, gewiss traurig genug, auf der Lehne des Laurenziberges. [Ich prüfte die Wünsche, die ich für das Leben hatte. Als wichtigster oder als reizvollster ergab sich der Wunsch, eine Ansicht des Lebens zu gewinnen (und – das war allerdings notwendig verbunden – schriftlich die andern von ihr überzeugen zu können) in der das Leben zwar sein natürliches schweres Fallen und Steigen bewahre aber gleichzeitig mit nicht minderer Deutlichkeit als ein Nichts, als ein Traum, als ein Schweben erkannt werde. Vielleicht ein schöner Wunsch, wenn ich ihn richtig gewünscht hätte. Etwa als Wunsch einen Tisch mit peinlich ordentlicher Handwerksmäßigkeit zusammenzuhämmern und dabei gleichzeitig nichts zu tun und zwar nicht so dass man sagen könnte: »ihm ist das Hämmern ein Nichts« sondern »ihm ist das Hämmern ein wirkliches Hämmern und gleichzeitig auch ein Nichts«, wodurch ja das Hämmern noch kühner, noch entschlossener, noch wirklicher und wenn du willst noch irrsinniger geworden wäre. Aber er konnte gar nicht so wünschen, denn sein Wunsch war kein Wunsch, er war nur eine Verteidigung, eine Verbürgerlichung des Nichts, ein Hauch von Munterkeit, den er dem Nichts geben wollte, in das er zwar damals kaum die ersten bewussten Schritte tat, das er aber schon als sein Element fühlte.] Es war damals eine Art Abschied, den er von der Scheinwelt der Jugend nahm; sie hatte ihn übrigens niemals unmittelbar getäuscht, sondern nur durch die Reden aller Autoritäten ringsherum täuschen lassen. So hatte sich die Notwendigkeit des »Wunsches« ergeben *15. 2. 1920*

Er beweist nur sich selbst, sein einziger Beweis ist er selbst, alle Gegner besiegen ihn sofort, aber nicht dadurch, dass sie ihn widerlegen, er ist unwiderlegbar sondern dadurch dass sie sich beweisen.

Menschliche Vereinigungen beruhn darauf, dass einer durch sein starkes Dasein andere an sich unwiderlegbare Einzelne widerlegt zu haben scheint, das ist für diese Einzelnen süß und trostreich, aber es fehlt an Wahrheit und daher immer an Dauer.

Er war früher Teil einer monumentalen Gruppe. Um irgendeine erhöhte Mitte standen in durchdachter Anordnung Sinnbilder des Soldatenstandes, der Künste, der Wissenschaften, der Handwerke. Einer von diesen vielen war er. Nun ist die Gruppe längst aufgelöst oder wenigstens er hat sie verlassen und bringt sich allein durchs Leben. Nicht einmal seinen alten Beruf hat er mehr, ja er hat sogar vergessen, was er damals darstellte. Wohl gerade durch dieses Vergessen ergibt sich eine gewisse Traurigkeit, Unsicherheit, Unruhe, ein gewisses die Gegenwart trübendes Verlangen nach den vergangenen Zeiten. Und doch ist dieses Verlangen ein wichtiges Element der Lebenskraft oder vielleicht sie selbst.

Er lebt nicht wegen seines persönlichen Lebens, er denkt nicht wegen seines persönlichen Denkens. Ihm ist als lebe und denke er unter der Nötigung einer Familie die zwar selbst überreich an Lebens- und Denkkraft ist, für die er aber nach irgendeinem ihm unbekannten Gesetz eine formelle Notwendigkeit bedeutet. Wegen dieser unbekannten Familie und dieser unbekannten Gesetze kann er nicht entlassen werden.

Die Erbsünde, das alte Unrecht, das der Mensch begangen hat, besteht in dem Vorwurf, den der Mensch macht und von dem er nicht ablässt, dass ihm ein Unrecht geschehen ist, dass an ihm die Erbsünde begangen wurde.

Vor der Auslage von Casinelli drückten sich 2 Kinder herum, ein etwa 6 Jahre alter Junge, ein 7 Jahre altes Mädchen, reich angezogen, sprachen von Gott und von Sünden. Ich blieb hinter ihnen stehen. Das Mädchen vielleicht katholisch hielt nur das Belügen Gottes für eine eigentliche Sünde. Kindlich hartnäckig fragte der Junge, vielleicht ein Protestant, was das Belügen des Menschen oder das Stehlen sei. »Auch eine sehr große Sünde« sagte das Mädchen »aber nicht die größte, nur die Sünden an Gott sind die größten, für die Sünden an Menschen haben wir die Beichte. Wenn ich beichte steht gleich wieder der Engel hinter mir; wenn ich nämlich eine Sünde begehe, kommt der Teufel hinter mich, nur sieht man ihn nicht.« Und des halben Ernstes müde, drehte sie sich zum Spaße auf den Hacken um und sagte: »Siehst du niemand ist hinter mir.« Ebenso drehte sich der Junge um und sah dort mich. »Siehst du«, sagte er ohne Rücksicht darauf, dass ich es hören müsste, aber auch ohne daran zu denken »hinter mir steht der Teufel.« »Den sehe ich auch« sagte das Mädchen »aber den meine ich nicht« *18. 2. 1920*

Er will keinen Trost, aber nicht deshalb weil er ihn nicht will – wer wollte ihn nicht – sondern weil Trost suchen heißt: dieser Arbeit sein Leben widmen, am Rande seiner Existenz, fast außerhalb ihrer immer zu leben, kaum mehr zu wissen, für wen man Trost sucht und daher nicht einmal imstande zu sein, wirksamen Trost zu finden (wirksamen, nicht etwa wahren, den es nicht gibt)

Er wehrt sich gegen die Fixierung durch den Mitmenschen. (Der Mensch sieht selbst wenn er unfehlbar wäre im andern nur jenen Teil, für den seine Blickkraft und Blickart reicht. Er hat, wie jeder, aber in äußerster Übertreibung die Sucht, sich so einzuschränken wie ihn der Blick des Mitmenschen zu sehen die Kraft hat.) Hätte Robinson den höchsten oder richtiger den sichtbarsten Punkt der Insel niemals verlassen, aus Trost oder Demut oder Furcht oder Unkenntnis oder Sehnsucht, so wäre er bald zugrunde gegangen, da er aber ohne Rücksicht auf die Schiffe und ihre schwachen Fernrohre seine ganze Insel zu erforschen und ihrer sich zu freuen begann, erhielt er sich am Leben und wurde – in einer allerdings dem Verstand nicht notwendigen Konsequenz – schließlich doch gefunden.

»Du machst aus deiner Not eine Tugend.«

»Erstens tut das jeder und zweitens tue gerade ich es nicht. Ich lasse meine Not Not bleiben, ich lege die Sümpfe nicht trocken, sondern lebe in ihrem fiebrigen Dunst.«

»Daraus eben machst du deine Tugend.«

»Wie jeder, ich sagte es schon. Im Übrigen tue ich es nur deinetwegen; damit du freundlich zu mir bleibst, nehme ich Schaden an meiner Seele.« *19. 2. 1920*

Meine Gefängniszelle – meine Festung.

Alles ist ihm erlaubt nur das Sich-Vergessen nicht, womit allerdings wieder alles verboten ist bis auf das eine, für das Ganze augenblicklich Notwendige.

Die Enge des Bewusstseins ist eine soziale Forderung

Alle Tugenden sind individuell, alle Laster sozial; was als soziale Tugend gilt, etwa Liebe, Uneigennützigkeit, Gerechtigkeit, Opfermut, sind nur »erstaunlich« abgeschwächte soziale Laster.

Der Unterschied zwischen dem »Ja und Nein« das er seinen Zeitgenossen sagt und jenem das er eigentlich zu sagen hätte, dürfte dem von Tod und Leben entsprechen; ist auch nur ebenso ahnungsweise für ihn fassbar.

Die Ursache dessen, dass das Urteil der Nachwelt über den Einzelnen richtiger ist als das der Zeitgenossen liegt im Toten. Man entfaltet sich in seiner Art erst nach dem Tode, erst wenn man allein ist. Das Totsein ist für den Einzelnen wie der Samstagabend für den Kaminfeger, sie waschen den Ruß vom Leibe. Es wird sichtbar ob die Zeitgenossen ihm oder er den Zeitgenossen mehr geschadet hat, im letzteren Fall war er ein großer Mann.

Die Kraft zum Verneinen, dieser natürlichsten Äußerung des immerfort sich verändernden, erneuernden, absterbend auflebenden menschlichen Kämpferorganismus haben wir immer, den Mut aber nicht, während doch Leben Verneinen ist, also Verneinung Bejahung.

Mit seinen absterbenden Gedanken stirbt er nicht. Das Absterben ist nur eine Erscheinung innerhalb der innern Welt (die bestehen bleibt, selbst wenn auch sie nur ein Gedanke wäre) eine Naturerscheinung wie jede andere weder fröhlich noch traurig.

»Am Sicherheben hindert ihn eine gewisse Schwere, ein Gefühl des Gesichertseins für jeden Fall, die Ahnung eines Lagers, das ihm bereitet ist und nur ihm gehört, am Stillliegen aber hindert ihn eine Unruhe die ihn vom Lager jagt, es hindert ihn das Gewissen, das endlos schlagende Herz, die Angst vor dem Tod und das Verlangen ihn zu widerlegen, alles das lässt ihn nicht liegen und er erhebt sich wieder. Dieses Auf und Ab und einige auf diesen Wegen gemachte zufällige, flüchtige, abseitige Beobachtungen sind sein Leben.«

»Deine Darstellung ist trostlos, aber nur für die Analyse, deren Grundfehler sie zeigt. Es ist zwar so, dass der Mensch sich aufhebt, zurückfällt, wieder sich hebt usf. aber es ist auch gleichzeitig und mit noch viel größerer Wahrheit ganz und gar nicht so, er ist doch Eines, im Fliegen also auch das Ruhen, im Ruhen das Fliegen und beides vereinigt wieder in jedem Einzelnen, und die Vereinigung in jedem, und die Vereinigung der Vereinigung in jedem usf. bis, nun, bis zum wirklichen Leben, wobei auch diese Darstellung noch ebenso falsch ist und vielleicht noch täuschender als die deine. Aus dieser Gegend gibt es eben keinen Weg bis zum Leben, während es allerdings vom Leben einen Weg hierher gegeben haben muss. So verirrt sind wir.«

Die Strömung gegen die man schwimmt ist so rasend, dass man in einer gewissen Zerstreutheit manchmal verzweifelt ist über die öde Ruhe, inmitten welcher man plätschert, so unendlich weit nämlich ist man in einem Augenblick des Versagens zurückgetrieben worden.

Er hat Durst und ist von der Quelle nur durch ein Gebüsch getrennt. Er ist aber zweigeteilt, ein Teil übersieht das Ganze, sieht, dass er hier steht und die Quelle daneben ist, ein zweiter Teil aber merkt nichts, hat höchstens eine Ahnung dessen, dass der erste Teil alles sieht. Da er aber nichts merkt, kann er nicht trinken.

29. 2. 1920

sich daran zu beteiligen, er langte förmlich danach, aber er musste sich sagen, dass er davon ausgeschlossen war, es war für ihn unmöglich sich dort einzufügen, das hätte eine so große Vorbereitung verlangt, dass darüber nicht nur dieser Sonntag sondern viele Jahre und er selbst dahingegangen wäre, und selbst wenn die Zeit hätte stillstehn wollen, es hätte sich doch kein Ergebnis erzielen lassen, seine ganze Abstammung, Erziehung, körperliche Ausbildung hätte anders geführt werden müssen. So weit war er also von diesen Ausflüglern, aber doch auch eigentlich wieder sehr nahe und das war das schwerer Begreifliche. Sie waren doch auch Menschen wie er, nichts Menschliches konnte ihnen völlig fremd sein, könnte man sie also durchforschen, müsste man finden dass das Gefühl, das ihn beherrschte und ihn von der Wasserfahrt ausschloss, auch in ihnen lebte, nur dass es allerdings weit davon entfernt war sie zu beherrschen, sondern nur irgendwo in dunklen Winkeln geisterte.

Dass es Furcht, Trauer und Öde auf der Welt gibt, versteht er, aber auch dies nur so weit, als es vage allgemeine nur über die Oberfläche hinstreichende Gefühle sind. Alle andern Gefühle leugnet er, was wir so nennen, sei nur Schein, Märchen, Spiegelbild der Erfahrung und des Gedächtnisses. Wie könne es anders sein, meint er, da doch die wirklichen Ereignisse niemals von unserem Gefühl erreicht oder gar überholt werden können. Wir erleben sie nur vor und nach dem wirklichen, mit elementarisch unbegreiflicher Eile vorübergehenden Ereignis, es sind traumhafte nur auf uns eingeschränke Erdichtungen. Wir leben in der Stille der Mitternacht und erleben Sonnenauf- und -untergang indem wir uns nach Osten oder Westen wenden.

Geringe Lebenskraft, missverständliche Erziehung, Junggesellentum ergeben den Skeptiker, aber nicht notwendig, um die Skepsis zu retten heiratet mancher Skeptiker wenigstens ideell und wird gläubig.

ZU DIESER AUSGABE

Die Texte folgen der von Jürgen Born, Gerhard Neumann, Malcolm Pasley und Jost Schillemeit herausgegebenen Kritischen Ausgabe der Schriften, Tagebücher und Briefe Franz Kafkas:

Die Zürauer Aphorismen

Franz Kafka: Nachgelassene Schriften und Fragmente II. In der Fassung der Handschriften. Hrsg. von Jost Schillemeit. Frankfurt a. M.: S. Fischer, 1992. S. 113–140.

Die ›Er‹-Aphorismen

Franz Kafka: Tagebücher. Hrsg. von Hans-Gerd Koch, Michael Müller und Malcolm Pasley. Frankfurt a. M.: S. Fischer, 1990. S. 847–862. – Franz Kafka: Nachgelassene Schriften und Fragmente II. In der Fassung der Handschrift. Hrsg. von Jost Schillemeit. Frankfurt a. M.: S. Fischer, 1992. S. 221 f.

Die Rechtschreibung wurde modernisiert; die Zeichensetzung blieb gewahrt. Bei einigen Aphorismen hat Kafka Angaben zum Datum gemacht; diese wurden ergänzt und in Kursivschrift dem jeweiligen Text nachgestellt. Unterstreichungen in der Vorlage werden hier kursiv dargestellt. Wenn Kafka Text gestrichen hat, steht dieser in eckigen Klammern [ ].

Cavarocchi Arbib, Marina: »Jüdische Motive in Kafkas Aphorismen«. In: Kafka und das Judentum. Hrsg. von Erich Grözinger. Frankfurt a.M. 1987. S. 122–146.

Corngold, Stanley: »Von wegen der Wahrheit. Kafkas späte Aphorismen und Erzählungen«. In: Franz Kafka. Zur ethischen und ästhetischen Rechtfertigung. Hrsg. von Beatrice Sandberg und Jakob Lothe. Freiburg i. Br. 2002. S. 17–31.

Gray, Richard T.: Constructive Deconstruction: Kafka's Aphorisms. Literary Tradition and Literary Transformation. Tübingen 1987.

Hiebel, Hans H.: Franz Kafka: Form und Bedeutung. Würzburg 1999.

Hoffmann, Werner: ›Ansturm gegen die letzte irdische Grenze‹. Aphorismen im Spätwerk Kafkas. München 1984.

Hyuck, Zoon Kwon: Der Sündenfallmythos bei Franz Kafka. Würzburg 2006.

Kafka, Franz: Betrachtungen über Sünde, Leid, Hoffnung und den wahren Weg [1931]. In: F. K.: Beschreibung eines Kampfes. Novellen, Skizzen, Aphorismen aus dem Nachlaß. Hrsg. von Max Brod. Frankfurt a. M. 1976. S. 30–40. (Gesammelte Werke. Bd. 5.)

Kafka, Franz: Paralipomena [1937]. In: F. K.: Beschreibung eines Kampfes. Novellen, Skizzen, Aphorismen aus dem Nachlaß. Hrsg. von Max Brod. Frankfurt a. M. 1976. S. 303–305. (Gesammelte Werke. Bd. 5.)

– ›Er‹. Aufzeichnungen aus dem Jahre 1920 [1931]. In: F. K.: Hochzeitsvorbereitungen auf dem Lande und andere Prosa aus dem Nachlaß. Hrsg. von Max Brod. Frankfurt a. M. 1976. S. 216–222. (Gesammelte Werke. Bd. 6.)

– Tagebücher. Hrsg. von Hans-Gerd Koch, Michael Müller und Malcolm Pasley. Frankfurt a. M. 1990. (Kritische Ausgabe der Schriften, Tagebücher und Briefe.) [KKAT.]

– Nachgelassene Schriften und Fragmente II. In der Fassung der Handschrift. Hrsg. von Jost Schillemeit. Frankfurt a. M. 1992. (Kritische Ausgabe der Schriften, Tagebücher und Briefe.) [KKAN II.]

– Zürauer Zettel. Hrsg. von Roland Reuß und Peter Staengle. Frankfurt a. M. / Basel 2011. (Supplement Oxforder Oktavhefte 7 und 8. Historisch-Kritische Franz Kafka-Ausgabe.)

Kienlechner Sabine: Negativität der Erkenntnis im Werk Franz Kafkas. Eine Untersuchung zu seinem Denken anhand einiger später Texte. Tübingen 1981.

Kohlenbach, Margarete: Franz Kafka in Zürau. 1917–1918. Berlin 2023.

Krings, Marcel: Franz Kafka: Der *Hungerkünstler*-Zyklus und die kleine Prosa von 1920–1924. Spätwerk – Judentum – Kunst. Heidelberg 2022.

Rübner, Tuvia: »Einige Bemerkungen zur Bedeutung der Sprache bei Kafka, dem Juden«. In: Jüdische Selbstwahrnehmung / La prise de conscience de l'identité juive. Hrsg. von Hans Otto Horch und Charlotte Wardi. Tübingen 1997. S. 275–284.

NACHWORT

»Wahrheit ist unteilbar«. Zu Kafkas Aphoristik

Immer noch denkt man beim Namen Kafka eher an die einschlägigen Texte von *Vor dem Gesetz* bis zu *Josefine der Sängerin*, als dass man ihn mit der auf pointierte Gedanken ausgerichteten Kleinform des Aphorismus in Verbindung brächte. Zum einen ist das darauf zurückzuführen, dass man die Bedeutung der Aufzeichnungen als komprimierte Poetik lange Zeit unterschätzte, zum anderen darauf, dass ihre Publikationsgeschichte einer breiten Rezeption nicht förderlich war. Max Brod publizierte die ›Zürauer Aphorismen‹ unter dem Titel *Betrachtungen über Sünde, Leid, Hoffnung und den wahren Weg* (1931) bzw. die ›Er‹-Texte unter der Bezeichnung *›Er‹. Aufzeichnungen aus dem Jahre 1920* (1931), denen er 1937 noch einige *Paralipomena* folgen ließ. Doch dabei nahm er an den Texten eine Reihe von teils kleineren, teils größeren Veränderungen vor und unterschlug, dass die auf diese Weise entstandenen Sammlungen nur Brod'sche Konstrukte waren: Kafka selbst hatte die Notate weder betitelt noch als fertiges oder schon publizierbares Ganzes ausgearbeitet. Erst ab den 1990er Jahren stellte die kritische Kafka-Ausgabe die originale Textgestalt wieder her.

Die Entstehung der beiden Konvolute verdankt sich jeweils einer Lebens- und Schaffenskrise ihres Autors. Nach der produktiven Phase des Winters 1916/17, in der die meisten Texte des *Landarzt*-Zyklus entstanden, war bei Kafka im August 1917 Tuberkulose diagnostiziert worden. Erschüttert verwirft er die Heiratspläne mit Felice Bauer endgültig und flüchtet zu seiner Schwester Ottla ins nordwestlich von Prag gelegene Zürau (Siřem). Knapp acht Monate, vom 12. September 1917 bis zum 30. April 1918, hält er sich dort auf und nutzt die Zeit zu einem verzweifelten Nachdenken über Leben und Schreiben, das auch eine poetologische Summe der *Landarzt*-Erzählungen ist. Zwischen dem 19. Oktober 1917 und Ende Februar 1918 entsteht so eine Reihe von Kurztexten, in denen Kafka sich radikaler als zuvor zum Ziel setzt, die »Welt ins Reine, Wahre, Unveränderliche« (*Tagebücher*, S. 838) zu heben und sich vor diesem Anspruch zu »rechtfertig[en]« (*Nachgelassene Schriften und Fragmente II*, S. 82). Anfang 1918 notiert Kafka eine Auswahl der Aphorismen für eine Reinschrift auf Zettel und nummeriert sie gemäß der Entstehungsreihenfolge – allerdings zum Teil inkonsequent – durch: Es ist die erste Fassung der ›Zürauer Aphorismen‹. Eine zweite kommt 1920 dadurch zustande, dass Kafka neue Kurztexte in die Zettel aufnimmt und zahlreiche alte streicht, so dass sich zuletzt ein

Konvolut von 104 Zetteln und 113 Notaten ergibt. Ob die Aphorismen möglicherweise zu einem späteren Zeitpunkt für eine Veröffentlichung vorgesehen waren, ist unbekannt.

Für die ›Er‹-Aphorismen kann man jedenfalls ausschließen, dass ein solches Projekt je existiert hat. Entstanden zwischen dem 6. Januar und dem 29. Februar 1920, sind sie das Zeugnis einer erneuten Krise. Kafka war 1919 wieder vor einer Hochzeit – diesmal mit Julie Wohryzeck – zurückgeschreckt, und zugleich war seine schriftstellerische Produktion zum Erliegen gekommen. Das Versagen vor den Anforderungen des Lebens und der Literatur erfordert erneut eine Positionsbestimmung, für die Kafka die Form des Aphorismus aufgreift. Dabei ersetzt er nun jedoch die ›Ich‹- bzw. ›Du‹-Anreden der Zürauer Notate durch das distanziertere ›Er‹, das einen objektiveren Blick ermöglichen sollte. Und weil es sich diesmal offenbar nur um persönliches Nachdenken handelt, schreibt er die Texte jetzt ins Tagebuch. Es entstehen auf diese Weise insgesamt 46 Aufzeichnungen, deren Thema wiederum der Gegensatz von Literatur und Leben ist und die Kafkas Schreibprozess wieder in Gang bringen. Nur sechs Monate später, im August 1920, beginnt er mit dem sogenannten »Konvolut 1920«, das Texte wie *Das Stadtwappen* oder *Zur Frage der Gesetze* enthält, und bis hin zu den letzten Erzählungen des *Hungerkünstler*-Bandes (1924) wird er literarisch recht produktiv bleiben.

Kafka kannte Form und Tradition des Aphorismus gut, Goethe, Schopenhauer und Nietzsche hatten sie ihm vorgemacht. Ein Aphorismus ist ein von seiner direkten Textumgebung isolierter, kurzer Prosatext innerhalb einer Serie. Oft spitzt er einen Gegensatz zu und besitzt dadurch eine Nähe zum Paradoxon. So kann er scheinbar Unzusammenhängendes einerseits bestimmen (griech. *ap-horizein* bedeutet ›abgrenzen‹) und ihm überraschende Einsichten abgewinnen, es andererseits aber in einen durchaus unvermuteten Zusammenhang stellen. Ganz in diesem Sinne versammeln die *›Zürauer Aphorismen‹* auf den ersten Blick völlig unterschiedliche Inhalte: Religion, Sprache, strenge Lebensregeln oder das Verhältnis von Ich und Umwelt. Was sie alle verbindet, geht aus dem sogenannten Kettenaphorismus hervor (Nr. 66, S. 28):

> Er ist ein freier und gesicherter Bürger der Erde, denn er ist an eine Kette gelegt, die lang genug ist, um ihm alle irdischen Räume frei zu geben und doch nur so lang, dass nichts ihn über die Grenzen der Erde reißen kann. Gleichzeitig aber ist er auch ein freier und gesicherter Bürger des Himmels, denn er ist auch an eine ähnlich berechnete Him-

melskette gelegt. Will er nun auf die Erde drosselt ihn das Halsband des Himmels, will er in den Himmel jenes der Erde. Und trotzdem hat er alle Möglichkeiten und fühlt es, ja er weigert sich sogar das Ganze auf einen Fehler bei der ersten Fesselung zurückzuführen.

Der Mensch ist zwischen Himmel und Erde gefangen, obwohl er eigentlich dazu aufgerufen wäre, in die vollkommene Freiheit des Himmels zu gelangen. Denn weil er denkt, ist er mehr als ein bloß endliches Wesen, und so müsste ihm die Fesselung an die Erde als zu korrigierender »Fehler« erscheinen. Um in den freien Himmel zu gelangen, müsste die Erdenkette durchtrennt werden: »Ein erstes Zeichen beginnender Erkenntnis ist der Wunsch zu sterben« (Nr. 13, S. 11). Das Hauptthema der Zürauer Notate ist also eine radikale Ethik des Todes, die in paradoxen Wendungen das Leben als schlecht und das Sterben als gut bewertet. Kein Zweifel besteht daran, dass die Himmelsfreiheit besser heute als morgen erreicht werden müsste. Dafür zitieren die Texte den Mythos vom Sündenfall und leiten aus ihm die Befähigung des Menschen zum Denken ab, die ihn seit je den Gedanken an Freiheit und Tod fassen ließ. Doch nach wie vor bleibt die Erdenkette unangetastet: Der Mensch lebt in aller Regel gern, schreckt vor dem Sterben zurück und will sich nicht »zerstören« (Nr. 86, S. 34). Die Aphorismen können deshalb weder die Todesethik noch das Weiterleben uneingeschränkt rechtfertigen.

Auch in Bezug auf das zweite große Thema der Notate lässt sich eine gewisse Ratlosigkeit beobachten: die Literatur. Der Sprachaphorismus (Nr. 57, S. 25) nennt das Problem:

> Die Sprache kann für alles außerhalb der sinnlichen Welt nur andeutungsweise, aber niemals auch nur annähernd vergleichsweise gebraucht werden, da sie entsprechend der sinnlichen Welt nur vom Besitz und seinen Beziehungen handelt.

Sprache berichtet allein von den Verhältnissen der begrenzten Welt. Der Bereich des ›Außerhalb‹ hingegen, in den Kafka vordringen will – die unbeschränkte Freiheit oder der Himmel –, ist unbegrenzt und kann nicht direkt ausgedrückt werden. Also weicht Kafka in die Technik der Andeutung aus. Andeutungen nennen das Gemeinte nicht explizit, sondern visieren es indirekt an und vermeiden die unzulässige »Erdenschwere« (Nr. 39/2, S. 18). Am Ziel von Kafkas Texten aber, dem Bereich des Außerhalb, kommen sie dennoch nie an. Denn auch sie sind trotz ihrer Abstraktheit sprachliche Zeichen, die nur von irdischen

Verhältnissen sprechen können. Also gilt: »Wie ein Weg im Herbst: kaum ist er rein gekehrt, bedeckt er sich wieder mit den trockenen Blättern« (Nr. 15, S. 12), und sprachskeptisch halten die Aphorismen aller Literatur vor: »Wahrheit ist unteilbar, kann sich also nicht selbst erkennen; wer sie erkennen will, muss Lüge sein« (Nr. 80, S. 32).

Die ›Er‹-Aphorismen greifen die Probleme der Zürauer Notate auf. Für die Fesselung an die Erdenkette findet »Er« nun die paradoxe Formel vom irdischen »Gefängnis« (Notat vom 13. 1. 1920, S. 49), das allerdings nicht »gefangen« hält: Jederzeit könnte Er sich ja vom Leben verabschieden. Doch es bleibt dabei, dass der Mensch jederzeit die »Kraft zum Verneinen« zwar besitzt, aber nicht den »Mut« (S. 63). So spielt auch Er das irdische Spiel mit, sagt den »Zeitgenossen« sein »Ja« zum »Leben« – und weiß doch, dass er »eigentlich« das »Nein« des »Tod[es]« (S. 62) auszusprechen hätte. Wie in den Zürauer Notaten äußert sich das Bewusstsein der nie abgelegten »Rechenschaft« (S. 54) über die Existenz in einem schlechten Gewissen, das maximalen Abstand zu Gesellschaft und Leben sucht. In charakteristischer Abänderung der Sündenfallgeschichte lassen die Aphorismen den Menschen daher zuweilen über das »Unrecht« der »Erbsünde« (S. 59) klagen, das »an ihm [...] begangen wurde« (ebd.). Doch Denken und Erkenntnis lassen sich, einmal in Gang gesetzt, nicht abstellen. Außerdem bleibt das Ziel der Literatur nach wie vor unerreicht. Der Aphorismus »Sein eigener Stirnknochen verlegt ihm den Weg (an seiner eigenen Stirn schlägt er sich die Stirn blutig« (17.1.1920, S. 51) bezeugt erneut, dass Sprache, Literatur und Denken – die Stirn wird als ihr Sitz berufen – über die irdisch-menschlichen Beschränkungen nicht hinausgelangen können. Und zuletzt weiß Er, dass sein Projekt niemals »historisch« (13.1.1920, S. 49) werden könne. »[K]aum einmal erträglich« (ebd.) erscheine es dem natürlichen Lebenswillen, und die Skrupel, den Menschen Todesethik und reine Literatur zuzumuten, sind unüberhörbar: »Manchmal hat er in seinem Hochmut mehr Angst um die Welt als um sich« (ebd.).

Mit den ›Er‹-Aphorismen gelangt Kafkas aphoristische Selbstbefragung an ihr Ende. Anfang Oktober 1921 übergibt er alle Tagebücher an Milena Jesenskà und verlegt das weitere Nachdenken in die Literatur. Insbesondere die neu erschlossene Gattung der Forschungsgeschichte (vgl. *Das Schloß*, *Forschungen eines Hundes*, *Der Bau*) zeugt davon, dass Kafka die Auslotung von Freiheit und Literatursprache konzentriert vorantreiben wollte. Dass ihm da nur noch weniger als drei Jahre bleiben würden, war nicht abzusehen.

Marcel Krings

INHALT

Franz Kafka
Ein Landarzt
Erzählungen
Nachwort von Marcel Krings
139 Seiten
€ (D) 6,00
ISBN 978-3-15-014432-9
Auch als E-Book erhältlich

Eine Auswahl der besten Erzählungen Kafkas, von früheren Texten aus dem *Landarzt*-Zyklus bis hin zu späteren wie *Ein Hungerkünstler* und *Josefine, die Sängerin*. In ihrer Präzision und Rätselhaftigkeit gleichen sie intensiven Träumen, die sich uns beim Lesen unvergesslich einprägen.

Franz Kafka
Die Verwandlung
Nachwort von Marcel Krings
112 Seiten
€ (D) 6,00
ISBN 978-3-15-014433-6
Auch als E-Book erhältlich

»Als Gregor Samsa eines Morgens aus unruhigen Träumen erwachte, fand er sich in seinem Bett zu einem ungeheueren Ungeziefer verwandelt.« – So beginnt die vielleicht berühmteste Erzählung Kafkas, eine Parabel über die Bedingungen des entfremdeten Lebens in der Moderne. Der Handlungsreisende Gregor Samsa, eingezwängt in ein Korsett aus Pflichten gegenüber Familie, Arbeitgeber und Gesellschaft, kann sich nur durch seine Verwandlung in ein Insekt und um den Preis des Ausgestoßenseins daraus lösen.